AF360672

TENDRILLETTE,

TRAGEDIE

EN TROIS ACTES

ET EN VAUDEVILLES.

TENDRILLETTE,

TRAGEDIE

EN TROIS ACTES

ET EN VAUDEVILLES.

A LONDRES.

M. DCC. LIII.

ACTEURS.

ORRIFER, Usurpateur de Caire.

CRIARDINE, Épouse d'Orrifer.

TENDRILLETTE, Princesse de Caire,
Esclave d'Orrifer, sous le nom de
Prêtetout.

ARGOT, Prince d'une Isle voisine de
Caire, & du sang des anciens Princes
de Caire.

NÉGRILLON, Confident d'Orrifer.

La Scene est à Caire.

TENDRILLETTE,
TRAGEDIE
EN TROIS ACTES
ET EN VAUDEVILLES.

ACTE PREMIER.

SCENE PREMIERE.

CRIARDINE *seule.*

AIR : *De Madame Paris.*

A H ! grands Dieux quel horrible
tourment
De vivre à mon âge sans Amant.
D'Ormier j'ai perdu la tendresse :

Après six mois passés dans les plaisirs
Sans pitié, le perfide me laisse
En proie à mille frivoles désirs.

Air : La bonne avanture.

J'ai reçu dans ces détours
La foi du parjure,
Lieux témoins de nos amours
Je n'ai plus dans vos détours
De bonne avanture
Hélas !
De bonne avanture.

SCENE II.

CRIARDINE, TENDRILLETTE.

CRIARDINE.

Air : *Vaudeville d'Epicure.*

OU courez-vous donc toute en larmes :

TENDRILLETTE.

O Ciel ! détournez de tels maux,

CRIARDINE.

Quel fujet caufe vos allarmes ?
Daignez m'en toucher quelques mots.

TENDRILLETTE.

Je ne fai fi je dois le taire :

CRIARDINE.

Il pourroit trop vous en couter :

TENDRILLETTE.

Eh bien un fonge affreux ma chere !...
Je tremble à vous le raconter.

 TENDRILLETTE;

Air : *Tout le long de la riviere.*

J'eus la nuit derniere
Un plaisir divin,
Jeune Jardiniere
J'avois un Jardin ;
Tout le long de la riviere,
Laire, lon, lan, là ;
Tout le long de la riviere,
Qu'il faisoit beau là.

Deux rochers au centre
D'abord paroissoient,
Qui joignant un antre
Un golfe formoient ;
Tout le long de la riviere,
Laire, lon, lan, là ;
Tout le long de la riviere,
Qu'il faisoit beau là.

La rose picquante
S'unit au jasmin,
Tout rit, tout enchante
Dans ce beau jardin ;
Tout le long de la riviere,

Laire, lon, lan, là;
Tout le long de la riviere,
Ah ! qu'il fait beau là.

Ta bouche légere
Zéphir y fouffloit,
L'aimable fougere
S'y multiplioit ;
Tout le long de la riviere,
Laire, lon, lan, là;
Tout le long de la riviere,
Qu'il faifoit beau là.

Folle en ma tendreffe
Pour ce jardin là,
Je voulois fans ceffe
Qu'on le laboura ;
Tout le long de la riviere,
Laire, lon, lan, là;
Tout le long de la riviere,
Qu'il faifoit beau là.

J'y fus apperçûe
Par un Batelier,

Et dès qu'il m'eut vûe
Il vint se glisser;
Tout le long de la riviere,
Laire, lon, lan, là;
Tout le long de la riviere,
Qu'il faisoit beau là.

Ce galant Neptune
Est prêt d'aborder;
Dieux quelle infortune!
Je le vois tomber,
Tout au fond de la riviere,
Laire, lon, lan, là;
Tout au fond de la riviere,
Quel rêve est-ce là?

CRIARDINE.

Air : *Joconde.*

Tous vos malheurs cédent le pas
A ceux de Criardine.

TENDRILLETTE.

Vous, Criardine?

CRIARDINE.

Hélas! hélas!
Que je fuis bien peu fine ;
Je les voulois tenir cachés,
⁚ Mais, grands Dieux, l'habitude
Me rend indifcrette.

TENDRILLETTE.

Soyez
Sans nulle inquiétude.

Air : *La jeune Ifabelle.*

Je faurai me taire
Tout autant que vous.

CRIARDINE.

J'en faifois myftere,
Mais il eft fi doux
D'élever fes chaînes,
Qu'il faut à l'inftant
Soulager· mes peines
En les racontant.

 TENDRILLETTE,

Air : *Ah ! le bel oiseau maman.*

Ah ! le bel oiseau vraiment
Qu'on avoit mis dans ma cage :
Ah ! le bel oiseau vraiment,
Et qu'il chantoit joliment.
Pour entendre sa chanson,
Pour écouter son ramage,
Je parcourois le buisson,
Je furetois le bocage.
Ah ! le bel, &c.

Mais un jour mon fier mari
Me trouvant sous un feuillage,
De colere fut aigri,
Et me dit, faisant tapage,
Ah ! le bel oiseau vraiment
Qu'on a mis dans votre cage :
Ah ! le bel oiseau vraiment,
Et qu'il chante joliment.

Puis tout à coup brusquement,
Ne consultant que sa rage,
A cet oiseau si charmant

Fit voir le sombre rivage.
Ah ! le bel , &c.

Ma femme , séparons-nous,
Entre nous plus de ménage ; ...
Pourquoi donc mon cher époux ? ...
Oh ! je crains trop le plumage.
Ah ! le bel oiseau , &c.

Je connois le gout des Grands ,
Mais je brave leur usage ;
Je croirois à tous momens
Me voir tenir ce langage :
Ah ! le bel oiseau vraiment
Que ta femme a dans sa cage :
Ah ! le bel oiseau vraiment,
Et qu'il chante joliment.

Malgré plus de cent sermens ,
Il fallut plier bagage,
Et sans nuls oiseaux chantans
Gazouiller de plage en plage :
Est-il quelqu'oiseau vraiment
Pour le mettre dans ma cage ?
Est-il quelqu'oiseau vraiment
Qui chante un peu joliment.

TENDRILLETTE.

Air : *Amis sans regretter Paris.*

Quelqu'un s'avance dans ces lieux,
Sauvez-vous Criardine.

Seule.

C'est un Prince taillé des mieux ;
Affichons la mutine.

SCENE III.

ARGOT, TENDRILLETTE.

ARGOT.

Air : *Quand le péril est agréable.*

LE charmant objet qui m'enchante
Vient enfin s'offrir à mes yeux,
Que mon fort est délicieux !

TENDRILLETTE.

Je suis votre fervante.

ARGOT.

Air : *J'ai fait fouvent raifonner ma mufette.*

Quoi, vous partez, Prêtetout trop mutine,
Vous évitez un Prince votre amant.

TENDRILLETTE.

Dans ce féjour je cherchois Criardine ;
Elle en est loin, qu'y ferois-je à préfent ?

ARGOT.

Air : *Mufette des amours villageois.*

Ah ! fans votre Compagne,
Cette aimable campagne
N'aura-t'elle jamais
Pour vous aucuns attraits ?

TENDRILLETTE.

Air : *Jardin que la Nature.*

Je crains trop les difcours que tient un cœur
jaloux ;
Non, non, je ne puis fans allarmes
Dans ce lieu près d'un bois refter feule avec
vous,
Bichoné, pincé, fous les armes,
Comme un petit Colet allant en rendez-vous.

ARGOT.

Air : *Tu connois le mariage.*

Quoi rien ne peut vous furprendre ?
Dans vos jours les plus charmans,

Fuir les amans,
Toujours se défendre,
Pour ame tendre,
Ah ! quels tourmens.

TENDRILLETTE.

L'amitié seule m'engage.

ARGOT.

Livrée à de froids desirs,
Fuir les plaisirs,
Hélas ! quel dommage :
Vous êtes dans l'âge
Des soupirs.
La fille la plus sauvage,
D'abord que l'amour paroît,
S'apperçoit
Que c'est tout ce qu'il lui faut,
Et connoît aussi-tôt
Ce qu'il vaut.

TENDRILLETTE.

Cessez un pareil langage,

Tous ces difcours
Sur les amours
Quelquefois, ah ! que fait-on ?
Peuvent faire impreffion.

ARGOT.

Grands Dieux quel étrange martyre !
J'aime & je ne puis le dire.

TENDRILLETTE.

Cher Prince c'eft trop fouffrir,
Je veux, l'ami, dans l'inftant vous guérir :
Sans retour
Renoncez à l'amour.

ARGOT.

Ah ! le beau fecret vraiment...
Que j'en connois un bien plus charmant :
Vous ne croyez pas cela ;
Avez-vous vû l'Opéra ?
Non, votre cœur plus tendre
Voudroit entendre...
Mais quel regard irrité,

Rien ne peut vaincre votre fierté :
 Quelle cruauté,
Ah ! c'est n'avoir pas la moindre charité.

TENDRILLETTE.

Air : *Ingrat berger qu'est devenu.*

Eh ! bien voyons si votre amour
 Mérite la victoire ;
Je voudrois me voir dès ce jour
 Au comble de la gloire,
Et regner dans ce pays-ci,
Sinon à l'amour grand merci.

ARGOT.

Air : *Malgré la bataille.*

On donne une fête
Chez l'usurpateur,
Votre Argot s'aprête
A lui faire peur :
Je prendrai la peine
De tout assommer :
Oui vous serez reine,
Daignez y conter.

Air : *Les Pierrots.*

Argot, avec mille Soldats,
Ira tantôt se mêler à la danse :
Que je vais faire de fracas
Sur ces beaux faiseurs d'entrechats ;
Ces jolis Marchands de cadence,
Ou le tyran sous mes coups tombera,
Ou votre amant à vos yeux périra :
Ah ! ah ! nous allons voir çà.

SCENE IV.

TENDRILLETTE *seule.*

Air : *Eh ! n'vla-t'il pas que j'aime.*

J'Avois toujours gardé mon cœur
Avec un soin extrême ;
Mais je vis Argot par malheur,
Et n'vla-t'il pas que j'aime.

SCENE V.

SCENE V.

TENDRILLETTE, ORRIFER, NÉGRILLON.

ORRIFER.

Air : *Non je ne ferai pas.*

Regardez-moi, la belle; en vain à la tendreſſe
L'homme le plus vaillant oppoſe la ſageſſe ;
Nul endroit à l'Amour ne ſçauroit nous ca-
cher ,
Fuſſiez-vous dans la cave il vous y vient
chercher.

Air : *La jeune Bergere.*

On ſait que la femme
A mal faire a l'eſprit enclin ,
Qu'elle n'a dans l'ame
Que du malin ;
Mais tout ce biau dire
Ne garentit le plus futé ,

B

Au premier sourire
Le voilà pincé.

Air : *Du haut en bas.*

Chez Orrifer,
Le coquin d'Amour fait tapage,
Chez Orrifer,
Le drôle a conduit tout l'enfer ;
Pour qu'il sorte envain je fais rage,
Il se plaît à faire tapage,
Chez Orrifer.

TENDRILLETTE.

Air : *A présent je ne dois plus feindre.*

Que dites-vous, puis-je vous croire,
Pour Cupidon quelle victoire !
Vous, l'ennemi de l'univers,
Toujours d'une humeur triste & noire,
L'Amour vous auroit mis aux fers,
Pour Cupidon quelle victoire !

ORRIFER.

Air : *Agnès qu'auparavant.*

La belle, voyez-vous,

Ici je vous jure,
Je fuis à la torture,
Arrangeons-nous;
Réponds en me voyant:
Sens-tu, ma belle enfant?
Sens-tu, pouponne
Certain mouvement,
Certain preffentiment,
Certain frémiffement
Qui font qu'en ma perfonne
Tout te paroît grand & galant?
Sens-tu certain defir
Qui doit naître de ce plaifir?
Me trouve-tu beau, poli,
  Joli,
Bienfait, alerte & dégourdi?
Quand je t'épouf(erai,
Je te mitonnerai,
Nous ne ferons qu'une ame;
Je te dorloterai,
Je te baifoterai;
Sans tarder engage-moi,
Ma chere petite femme,
  Ici ta foi.   *B* 2

TENDRILLETTE.

Air : *De tous les Capucins du monde.*

Que veut dire cette infolence,
Je ne fuis pas ce que l'on penfe,
Prêtetout connoît trop l'honneur,
Et fi j'étois fille à tendreffe,
Ce n'eft pas un ufurpateur
Qui feroit naître une foibleffe.

SCENE VI.

ORRIFER, NÉGRILLON.

ORRIFER.

Air : *lurelu, lurela, lurette.*

AH ! comme elle me traite,
M'y ferois-je attendu :
   Lurelu.

NÉGRILLON.

Par ma foi la poulette
Vous a fort bien reçu,
   Lurelu, lurela,
   Lurette ;
Vous méritez cela.

Air : *Reveillez-vous belle endormie.*

Dès que vous rencontrez pucelle,
Avec un paſſable minois,
Vous voulez tâter de la belle ;
Cet amour la nuit quelquefois.

Air : *Eſt-il de plus douces ardeurs.*

Boire ſans crainte à tout ruiſſeau,
Ce n'eſt pas être ſage ;
Il faut du moins connoître l'eau
Dont on veut faire uſage ;
Le plus ruſé s'y trouve pris
Croyant faire une étrenne,
Et ſouvent ſent le ver de gris
Au fond de la fontaine.

ACTE II.

SCENE PREMIERE.

TENDRILLETTE *seule.*

Air : *Eh! n'vla-t'il pas que j'aime.*

ORRIFER menace les jours
    Du Prince qui m'engage,
Du tyran flattons les amours
    Pour détourner l'orage.

SCENE II.

TENDRILLETTE, ORRIFER, NÉGRILLON.

ORRIFER.

Air : *Je ne veux plus sortir de mon caveau.*

MAdame, il fut jadis un tems heureux,
Où n'écoutant que des folles délices ;

Madame, il fut jadis un tems heureux,
Où je brûlois pour vous des plus beaux feux.
Vous m'avez vû fidelle à vos caprices
Suivre toujours vos ordres abſolus ;
    Mais ma foi ce tems-là n'eſt plus.

Air : *Non je ne ferai pas.*

Je croiois être aimé, Madame , & votre
    Maître,
Soupirant à vos pieds devoit s'attendre à
    l'être ;
Une Eſclave réduite à ſes quatre cens francs,
Avec plus de douceurs devroit traiter les
    gens.

TENDRILLETTE.

Air : *Muſette de M. Desbroſſes.*

Pour un inſtant faites grace à mes larmes,
Cruel effet d'un funeſte poiſon :
Le ſeul amour, auteur de mes allarmes,
De mes refus peut dire la raiſon.
J'en fais ici l'aveu, quoi qu'il m'en coute
Quelque mortel a trop ſu me charmer,

Et mes foupirs me trahiffent fans doute;
J'aime . . . faut-il encor vous le nommer?

Air : *Tu croiois en aimant Colette.*

Mais mon cœur & fincere & tendre,
Redoute tout de l'avenir.
L'Amour dont on croit tout attendre,
Eft fouvent près du repentir.

Air : *Sur le Pont d'Avignon.*

Cinq ou fix mois d'hymen affoibliffent les
   flâmes,
Et la vertu des Grands n'eft pas d'aimer leurs
   femmes.

ORRIFER.

Air : *M. de Catinat.*

Tu m'aimes : je le crois ; loin de nous tout
   foupçon,
Un inftant de délire en vaut cent de raifon ;
Et fi jamais mon cœur effuya tes refus,
Dans ce moment heureux il ne s'en fouvient
   plus.

Air : *Aux accens de ma voix (des Indes dan-*
çantes.)

Aimable Prêtetout, ma tendreſſe eſt extrême.

TENDRILLETTE.

Non, vous ne m'aimez pas autant que je
vous aime.

Elle ſourit, & Orriſer s'en apperçoit.

ORRIFER,

Air : *Là haut ſur ces montagnes.*

Oui, je le vois, Madame,
En effet vous m'aimez;
Et je lis dans votre ame
Plus que vous ne penſez.
Sexe, enfant du caprice,
Auteur de l'artifice :
Jaloux de nos tourmens,
Les Dieux dans leur colere
T'ont donné, pour nous plaire,
Des dehors trop charmans.

Air : *Non je ne ferai pas.*

Sans toi, sexe trompeur, l'homme demeu-
    ré sage,
Jamais de sa raison n'eut oublié l'usage :
Sans toi son cœur tranquille, ignorant le
    désir,
N'eut point connu des maux, ouvrages du
    plaisir.

SCENE III.

TENDRILLETTE, ORRIFER, ARGOT.

ARGOT.

Air : *M. le Prevôt des Marchands.*

UN objet dont je suis charmé,
Et dont je puis me dire aimé,
Languit ici dans l'esclavage ;
Je viens apporter sa rançon,
Rendez-moi celle qui m'engage..

ORRIFER.

Gardes, qu'on le méne en prison.

ARGOT.

Air : *Chacun a l'sien.*

M'arrêter sans dire pourquoi,
Cela n'est pas honnête.

ORRIFER.

Vous voudriez savoir, je croi,
Pourquoi l'on vous arrête ?
Ce seroit votre goût : Eh ! bien
Ce n'est pas là le mien ;
Chacun a l'sien ,
Chacun a l'sien.

On emmene Argot.

TENDRILLETTE.

Air : *Ne m'entendez-vous pas.*

Tente mille détours ;
Mais crois que ma tendresse
Pour Argot seul me presse . . .

Cher Prince, mes amours,
Je te fuivrai toujours.

SCENE IV.

ORRIFER *feul.*

Air : *Ingrat Berger qu'eft devenu?*

QUe ton cœur vole fur fes pas,
　　Volontiers je lui donne;
Et je ne chicanerai pas
　　Si j'obtiens la perfonne;
Tu peux fans rifque en aimer deux,
Orrifer n'eft pas fcrupuleux.

SCENE IV.

ORRIFER, CRIARDINE.

ORRIFER.

Air : *Accorde ta Musette.*

QUelle Esclave s'avance,
Que me demandez-vous ?
C'est ma femme, je pense.

CRIARDINE.

Eh ! oui mon cher époux.

Air : *M. en vérité, vous avez bien de la bonté.*

Je viens revendiquer ton cœur,
    J'en fais mon bien suprême ;
Je mets au rang du vrai bonheur
    D'être avec ce qu'on aime.
Pour ne plus perdre cet honneur,
Je veux, sans toi, ne pouvant vivre,
    Par tout te suivre.

ORRIFER.

Ma femme, en vérité,
Vous avez bien de la bonté.

Air : *Joconde.*

Enfin vous avez donc fini
  Vos longs pélerinages;
Avez-vous vû bien du pays
  Pendant tous vos voyages?
Vous trouvant seule & sans époux;
  Làlà, soyez sincere,
Peut-être, fort bien, m'avez-vous
  Donné quelque Vicaire.

CRIARDINE.

Air : *Quand j'étois Mousquetaire.*

Peux-tu, cœur infidelle,
Lironfa, fafa, lirondelle,
M'accuser un moment,
  Ramplan,
Mon feu se renouvelle,
Lironfa, &c.

Pour toi dans chaque inftant,
Ramplan,
Chaque nuit je t'appelle,
Lironfa, &c.
Je t'appelle en dormant,
Ramplan :
Seule en mon lit je gele,
Lironfa, &c.
Bientôt l'ennui m'y prend,
Ramplan ;
Je cherche en ma ruelle,
Lironfa, &c.
Hélas ! c'eft vainement :
Ramplan :
Pendant quinze ans ta belle,
Lironfa, &c.
A vécu fans amant,
Ramplan.

ORRIFER.

Air : *Amis fans regretter Paris.*

Sans examen je vous reprends ;
C'eft être galant homme :

Ici

Ici bien des honnêtes gens
Feront mon second tome.

SCENE V.

ORRIFER, TENDRILLETTE, CRIARDINE.

TENDRILLETTE.

Air : *La Confession.*

JE viens devant vous
A deux genoux ;

ORRIFER.

Eh ! bien ma chere :

TENDRILLETTE.

Ah ! par charité,
Mettez Argot en liberté ;
Moi de mon côté
Je saurai faire,
(Et je suis sincere)

C

Ce que vous voudrez ;
Mais commandez
Que l'on defferre
Ce Prince fi bon,
Qui mérite peu la prifon.

CRIARDINE.

Air : *Tout cela m'eft indifférent.*

Protégez cette belle enfant,
Mon cher, elle a l'air fi charmant,
Que moi qui n'ait plus de famille,
Je donnerois tout, à l'inftant,
Pour qu'elle pût être ma fille.

TENDRILLETTE.
C'eft trop d'honneur affurément.

Air : *J'aime une ingrate beauté.*
Souvent on a le malheur
D'ignorer quel eft fon pere ;
Mais du deftin la rigueur
Me cache encore ma mere.

CRIARDINE.
Quoi vous ne favez pas
De qui vous êtes née ?

TENDRILLETTE.

Dès mon aurore, hélas !
Je fus infortunée.

Air : *Sous un ormeau.*

Dans un détour,
De l'Opera fortant un jour,
Certain Troubadour,
Sur un violon me trouva.

CRIARDINE.

Ah !

TENDRILLETTE.

Pour qu'on ne pût à mal
Imputer un foin fi libéral,
Un Huiffier à cheval
En fit un très-long procès-verbal :
Pendant long-tems
Je fus au rang de fes enfans.
Un jour, d'un feul coup,
La mort m'enleva tout à coup,
Tout.

CRIARDINE.

Air : *Folies d'Espagne.*

Vous n'avez point, pour favoir qui vous êtes,
Ni bracelet, ni bague, ni portrait :
Dans nos Romans ces chofes toujours prêtes,
Font fur la fin un merveilleux effet.

TENDRILLETTE.

Même air.

Une chanfon avec moi fut trouvée,
Que me rendit Troubadour en mourant,
Je l'ai toujours avec foin confervée.

CRIARDINE.

Daignez me la confier un inftant.
Air : *Trois enfans gueux.*
D'un voile épais on couvre le forfait,
Les crimes ignorés ne font plus vices :
Ce jeune enfant doit le jour au fecret,
Prudes, Bigotes, foyez-lui propices.

Ah! Nicolas fois-moi fidelle.
Ah! c'eft ma fille :

TENDRILLETTE.

Quoi, Madame,
Pourrois-je avoir ce bonheur-là ?

CRIARDINE.

Et vous, vous êtes son papa ?

ORRIFER.

Moi !

CRIARDINE.

Vous.

ORRIFER.

Est-il bien vrai, ma femme

CRIARDINE.

Oui, mon cher époux.

ORRIFER.

Je vous croi ;
Ma chere fille, embraffez-moi.

SCENE VI.

TENDRILLETTE, CRIARDINE,
ORRIFER, NÉGRILLON.

NÉGRILLON.

Air : *Lon lan là, toureloure.*

AH ! Seigneur, apprenez
Un terrible myftere,
Dans vos mains vous tenez
La Princeffe de Caire.

ORRIFER.

Ogué,
Lon lan là, tourelouriré,
Lon lan là, toureloure.

NÉGRILLON.

Air : *Aimons-nous, jeune Thémire.*

Le Prince avec nonchalance,
Peu content de votre ordonnance,
Près de fa prifon s'avance ;

Son air chagrin
Obscurcit son beau tein.

Air : *Un jour dans un plein repas.*

Un Robin & sa moitié,
Passent par aventure,
La Dame eut le cœur touché
De sa triste figure,
Et tout à l'instant s'écria,
Ah ! le laid Prince que voilà.

Air : *Eh ! gai, Madame la mariée.*

Eh ! bon, bon, bon,
Mademoisillon,
Dit aussi-tôt
Le Prince Argot.

Air : *La Touriere.*

Puis sans autre compliment,
Faisant un tour de souplesse,
Il lui fait fort proprement
Montrer sa chemise au passant :
Pan, pan, &c.
S'égayant sur chaque fesse :
Pan, pan, & pan, pan, pan . . .

Air : *Je suis un bon Soldat.*

Sur cet insolent là ,
Titata ,
Le fier Robin s'élance ,
Et prétend qu'aussi-tôt
Ce lourdaut
Le suive à l'Audiance.

Air : *Plus inconstant.*

Il fait un cri ,
Et d'un trait d'éloquence
Reveille bien-tôt le Juge endormi.

Air : *Ma Comere , quand je danse.*

Messieurs, qu'ici l'on remarque
Que cet homme a le bras bon ;
L'on peut vous montrer la marque
De plus d'un fâcheux sillon :
Trou par ici , trou par ilà.

Air : *Vous chifonnez mon falbala.*

Ah ! Messieurs, sur cet endroit-là ,
En agit-on comme cela ?
Mais l'on répond au plaidoyer.

Air : *Eh vogue la Galere.*

Tanpis pour le derriere,
Lanlere, lanlere, lanlere :
Tanpis pour le derriere
Qui s'eſt fait fuſtiger.

ORRIFER.

Air : *Vous qui vous mocquez par vos ris.*

Mais je crois que ce diſcours-ci
Etoit peu néceſſaire ;

NÉGRILLON.

C'eſt que cette Dame a nourri
La Princeſſe de Caire ;
Qu'elle dit être encore ici.

ORRIFER.

Perçons un tel myſtere.

ACTE III.

SCENE PREMIERE.

TENDRILLETTE *seule.*

Air : *Des pendus.*

JE change de destin, hélas!
Mais mon malheur ne change pas;
A présent Princesse de Caire,
Celui que je croiois mon pere,
Au mépris des nœuds les plus doux,
Prétend devenir mon époux.

Air : *Tu croiois en aimant Colette.*

Il faut encore me contraindre
Jusqu'à montrer un air content,
Sinon Argot a tout à craindre
Des fureurs de ce fier tyran.

Air : *Tant & tant.*

Voilà pourtant quelles nous sommes,

Un pauvre amant nous croit fans fard ;
La bonne dupe que les hommes,
Pour les tromper qu'il faut peu d'art :
Mais fi quelque barbon m'accufe,
La mode fera mon excufe :
Il en eft tant, & tant, tant, tant,
Qui fe fervent de ma rufe,
Que cela n'eft plus étonnant.

SCENE II.

CRIARDINE, TENDRILLETTE.

CRIARDINE *en homme.*

Air : *M. de Catinat.*

ENfin il eft donc vrai qu'aujourd'hui fous
  mes yeux
Orrifer a deffein de former d'autres nœuds ?

TENDRILLETTE.

Hélas ! il eft trop vrai ; voyez couler mes
  pleurs,
Et croyez que je crains le plus grand des malheurs.

 TENDRILLETTE,

CRIARDINE.

Air : *Jardinier, ne vois-tu pas ?*

L'ingrat a-t'il oublié
Que c'eſt moi qu'il offenſe ?
Tout ſera ſacrifié,
Malgré lui j'en tirerai
Vengeance, vengeance, vengeance.

TENDRILLETTE.

Air : *J'aurois grand tort aſſurément.*

Ah ! Madame, ſi vous vouliez
A Tendrillette être propice,

CRIARDINE.

Chez moi dans une heure venez :

A part en s'en allant.

J'ai du poiſon à ton ſervice.

SCENE III.

ARGOT, TENDRILLETTE.

ARGOT.

Air : *Lasse de porter la Marmotte.*

JE trouve l'objet qui m'enchante....
Je viens de forcer ma prison.

TENDRILLETTE.

Je te vois, que je suis contente ;
Mais je crains fort notre patron.

ARGOT.

Air : *Vous en venez.*

Ne craignez rien belle poulette,

SCENE IV.

ORRIFER, ARGOT, TENDRILLETTE.

ORRIFER *fur un balcon.*

J'Apperçois, je crois, Tendrillette
Avec un drôle à cheveux blonds :
Nous en tenons, nous en tenons ;
Oui je vois bien que nous en tenons,
    Que nous en tenons.

Air : *Quand je fuis dans mon Corps-de-garde.*
Tirons ma lunette d'approche ,
Le fait eft trop fûr pour mon front ;
Comment une heure avant la nôce ,
Me faire un fi cruel affront ?

    Air : *Vous voulez me faire chanter.*
Voilà donc votre probité ?
    Elle eft ma foi gentille :
Et toi, croirois-tu, beau frifé
    Orrifer imbecille ?
Tout autre fauroit s'efquiver ;
    Mais je ne fuis pas tendre :

Je vais tous deux vous aſſommer,
Si vous voulez m'attendre.

SCENE V.

TENDRILLETTE, ARGOT.

TENDRILLETTE.

Air : *J'offre ici mon ſavoir faire.*

FUiez ſa fureur extrême,
Argot, je ne crains que pour vous.

ARGOT.

Pourrois-je appréhender ſes coups,
Lorſque je perds tout ce que j'aime ?

TENDRILLETTE.

Argot, je ne crains que pour vous,
Redoutez ſa fureur extrême.

ARGOT.

Air : *Accorde ta Muſette.*

Ah ! qu'une mort ſi belle ⁃
Rempliroit mon eſpoir ;

Mourir amant fidelle
Eſt le premier devoir.

SCENE V.

ORRIFER.

Air : *Réveillez-vous, belle endormie.*

Mais quoi, je ne vois plus perſonne ;
On craint de paroître à mes yeux :
Le pendart, avec la friponne,
A prudemment quitté ces lieux.

Air : *Dans le fond d'un caveau.*

Dans le fond des enfers,
Quand le diable lui-même
Voudroit ſauver ces pervers ;
De ma fureur extrême
J'y ſaurai bien pénétrer,
Et les y rencontrer.
Je vais dans mon caveau
Prendre un vaillant marteau,
Avec un fier Cizeau,

Percer

Percer la voûte du Ténare,
Et par ce trou,
Aller où
La terreur
Siége près de l'horreur,
Et je veux voir tout le Tartare
Pâlir de peur.

SCENE VI.

ORRIFER, ARGOT, TENDRILLETTE.

TENDRILLETTE *à Argot.*

Air : *J'ai des vapeurs.*

Fuyez, faut-il vous le redire ?
J'expire
Si vous mourez.

Elle sort.

ARGOT.

Cruelle, ma peine vous flatte,
Ingratte,
Vous me quittez.

D

ORRIFER.

As-tu fini ton beau langage ?

ARGOT.

Monfieur, je vous prie, excufez.

ORRIFER.

Non, non, reffens toute ma rage.

ARGOT.

J'ai des vapeurs,

Et je me meurs.

SCENE VII.

ORRIFER *feul.*

Air : *Rendez Brettifer content.*

IL eft mort cet infolent,

En plein plan, rantan plan tirelire, en plan;

Ah ! qu'un rival expirant

Soulage mon martyre :

Soulage mon martyre,

Rlantan plan tirelire ;

Pleure ingrate ton amant,

En plein, &c.

    Tu connoîtras le tourment,
    Je n'en ferai que rire :
    Je n'en ferai que rire,
    Rlan, &c.

    Cruel Amour, traître enfant,
En plein, &c.
    Pour toujours, dès à préfent,
    J'abjure ton empire.

SCENE VIII.

TENDRILLETTE *feule.*

Air : *Vaudeville des amours villageois.*

Tout eft en paix, Orrifer n'eft plus là.
Ah ! voyons fi mon amant y fera,
Tata, &c.

    Air : *Je fommeille.*

Argot, mon cher Argot, hola !
Où donc êtes vous ? le voilà
    Qui fommeille :
Cela vraiment n'eft pas joli,

Nous fommes feuls, ça mon ami,
Qu'on fe réveille.

Air : *Menuet de Cupis.*

Ah ! quel fort !
Mon amant eft mort,
Argot
Ne me dit plus mot,
Cruel hymen, hélas !
Je calculois tes appas,
Tu fuis à grands pas.
Mon bonheur
Eft évanoui,
Mon cœur
N'en a point joui ;
Du doute je fortois,
Et je m'y revois
Prefqu'à l'abri de l'orage,
Éprouver un tel naufrage.
Quel martyre !
Ah ! j'expire ;
Et toi qui ravis le jour
A l'objet de mon amour ;
Tu pouvois, inhumain,

Attendre à demain.

Air : *Eh ! n'vla-t'il pas que j'aime.*

Mais quoi, je ne saurois marcher,
   Je sens que je chancelle :
Mes malheurs ont su m'accabler … ;
   Faut-il mourir pucelle ?

SCENE IX.

CRIARDINE.

Air : *Les filles de Nanterre.*

Ma rivale est pâmée,
   Profitons de l'instant ;
Qu'elle soit enlevée
   Ainsi que son amant.

On emporte Tendrillette & Argot.

SCENE X.

ORRIFER *seule.*

Air : *Vous penseriez à les unir.*

L'Amour me ramene en ces lieux,
Pour y chercher mon bien suprême :
Est-il quelques forfaits affreux,
Quand ils viennent de ce qu'on aime ?

SCENE XI.

ORRIFER, NÉGRILLON.

NÉGRILLON.

Air : *M. l'Abbé, où allez-vous ?*

AH ! Seigneur, daignez m'écouter,
J'en ai beaucoup à vous conter ;
Apprenez un mystere :

ORRIFER,

Eh bien !

NÉGRILLON.

La Reine vient de faire...
Vous m'entendez bien.
Vient de faire un coup si hardi,
Que j'en tremble encore à demi,
Après une toilette :

ORRIFER.

Eh bien !

NÉGRILLON.

Seule dans sa chambrette...
Vous m'entendez bien.
Elle s'habille en Cavalier,
Et l'attirail d'un Officier,
Autour d'elle se flanque ;

ORRIFER.
Eh bien !

NÉGRILLON.

Exceptez qu'il lui manque ...
Vous m'entendez bien.
Qu'il lui manque cette vigueur,
Qui d'un homme fait la valeur ;
Elle voit Tendrillette :

D 4

ORRIFER.

Eh bien !

NÉGRILLON.

Dans l'inſtant la fillette …
Vous m'entendez bien.
Conduite en ſon appartement,
Lui montre un viſage riant :
Sur elle elle s'élance :

ORRIFER.

Eh bien !

NÉGRILLON.

Et perce avec puiſſance …
Vous m'entendez bien.
Sans pitié perce un tendre cœur,
Qui des amours avoit la fleur ;
La belle ſans mot dire :

ORRIFER.

Eh bien !

NÉGRILLON.

Dans le moment expire …
Vous m'entendez bien.

SCENE XII.

ORRIFER, CRIARDINE.

CRIARDINE, *en homme, présentant un piſtolet qu'elle tire auſſi-tôt & qui rate.*

Air : *M. le Prevôt des Marchands.*

JE viens pour t'offrir un duel,
Traître, reçois le coup mortel.

ORRIFER

Ah ! quelle ame baſſe & traîtreſſe . . .
Les juſtes Dieux t'ont fait rater . . .
C'eſt ma femme . . . quelle diableſſe !

CRIARDINE.

Il ne falloit pas l'inſulter.

Air : *Jouez violons.*

Je viens d'immoler Tendrillette,
L'objet de ton ardeur parfaite.

ORRIFER *tirant ſon épée.*

Perfide je vais la venger :
Je veux qu'un ſeul coup de ma lame . . .

CRIARDINE.

Pauvre homme, crois-tu qu'une femme
   Qui vient jusqu'ici te braver,
   Ignore comment se sauver ?
Mon cher, toute épouse intraitable
Dans sa manche a toujours le diable,
   Il paroît un char traîné par un diable.
   Vois mon carosse, il est leger :
   Adieu, l'ami, fouette cocher.

ORRIFER *seul.*

Air : *Partez dabord.*

Fameux Machiniste,
Employez votre art ;
Suivez à la piste,
Ma femme qui part :
Au magazin, au magazin, prenez des aîles ;
Puis armez-vous, puis armez-vous, d'un
     bon rasoir ;
   Coupez les ficelles
   Pour la faire choir.

FIN.